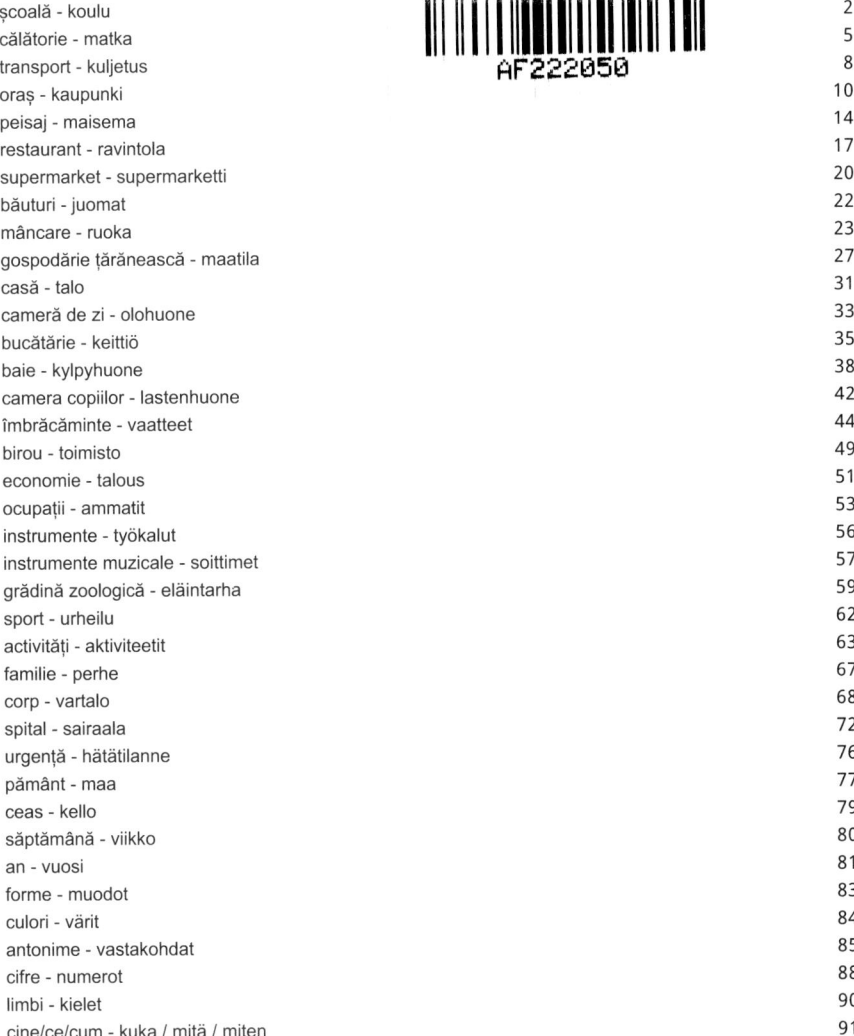

Impressum
Verlag: BABADADA GmbH, Nedderfeld 112 , 22529 Hamburg
Geschäftsführer / Verlagsleitung: Harald Hof
Druck: Books on Demand GmbH, In de Tarpen 42, 22848 Norderstedt

Imprint
Publisher: BABADADA GmbH, Nedderfeld 112 , 22529 Hamburg, Germany
Managing Director / Publishing direction: Harald Hof
Print: Books on Demand GmbH, In de Tarpen 42, 22848 Norderstedt

sală de clasă
luokkahuone

a împărți
jakaa

186/2

tablă
taulu

curte a şcolii
koulunpiha

profesor
opettaja

hârtie
paperi

a scrie
kirjoittaa

instrument de scris
kynä

masă de birou
kirjoituspöytä

riglă
viivoitin

carte
kirja

elev
oppilas

ghiozdan
reppu

penar
penaali

creion
lyijykynä

ascuțitoare
kynänteroitin

radieră
pyyhekumi

bloc de desen
piirustuslehtiö

desen

piirustus

pensulă

pensseli

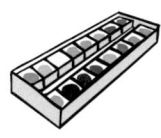

cutie de acuarele

vesivärit

foarfece

sakset

lipici

liima

caiet de exerciţii

harjoituskirja

temă

kotitehtävä

număr

luku

a aduna

lisätä

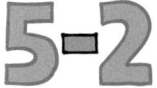

a scădea

vähentää

a multiplica

kertoa

a calcula

laskea

literă

kirjain

alfabet

aakkoset

cuvânt

sana

text

teksti

a citi

lukea

cretă

liitu

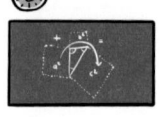

oră

oppitunti

catalog

opettajan muistikirja

examen

koe

certificat

todistus

uniformă școlară

koulupuku

educație

koulutus

enciclopedie

sanakirja

universitate

yliopisto

microscop

mikroskooppi

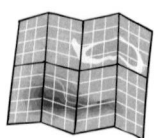

hartă

kartta

coș de gunoi

roskakori

călătorie
matka

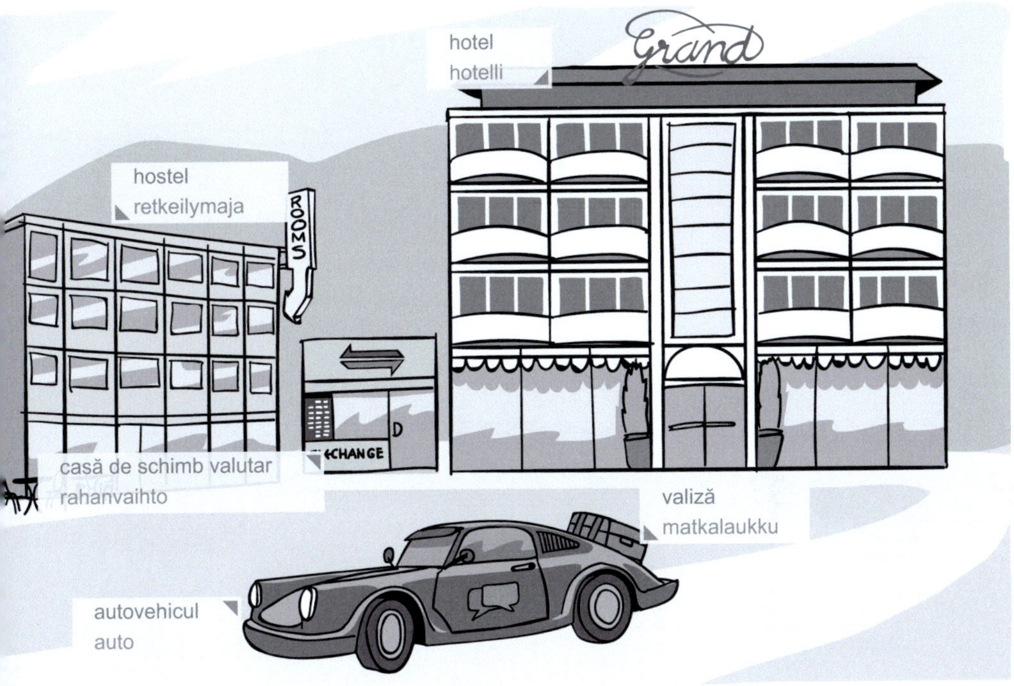
hotel
hotelli
Grand
hostel
retkeilymaja
ROOMS
CHANGE
casă de schimb valutar
rahanvaihto
valiză
matkalaukku
autovehicul
auto

limbă

kieli

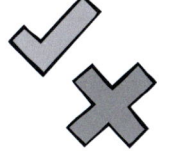

da/nu

kyllä / ei

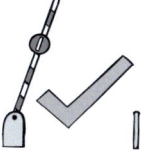

okay

selvä

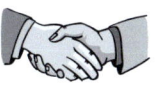

Bună!

hei

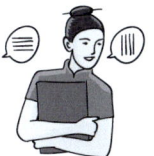

interpret

tulkki

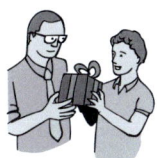

mulțumesc

kiitos

Cât costă…?

Paljonko...maksaa?

Nu înțeleg

en ymmärrä

problemă

ongelma

Bună seara!

Hyvää iltaa!

Bună dimineața!

Hyvää huomenta!

Noapte bună!

Hyvää yötä!

la revedere

näkemiin

direcție

suunta

bagaj

matkatavarat

geantă

laukku

rucsac

reppu

oaspete

vieras

cameră

huone

sac de dormit

makuupussi

cort

teltta

unct de informare turistică

turisti-info

plajă

ranta

carte de credit

luottokortti

mic dejun

aamupala

masa de prânz

lounas

cină

päivällinen

bilet de călătorie

matkalippu

lift

hissi

timbru poștal

postimerkki

graniță

raja

vamă

tulli

ambasadă

suurlähetystö

viză

viisumi

pașaport

passi

transport
kuljetus

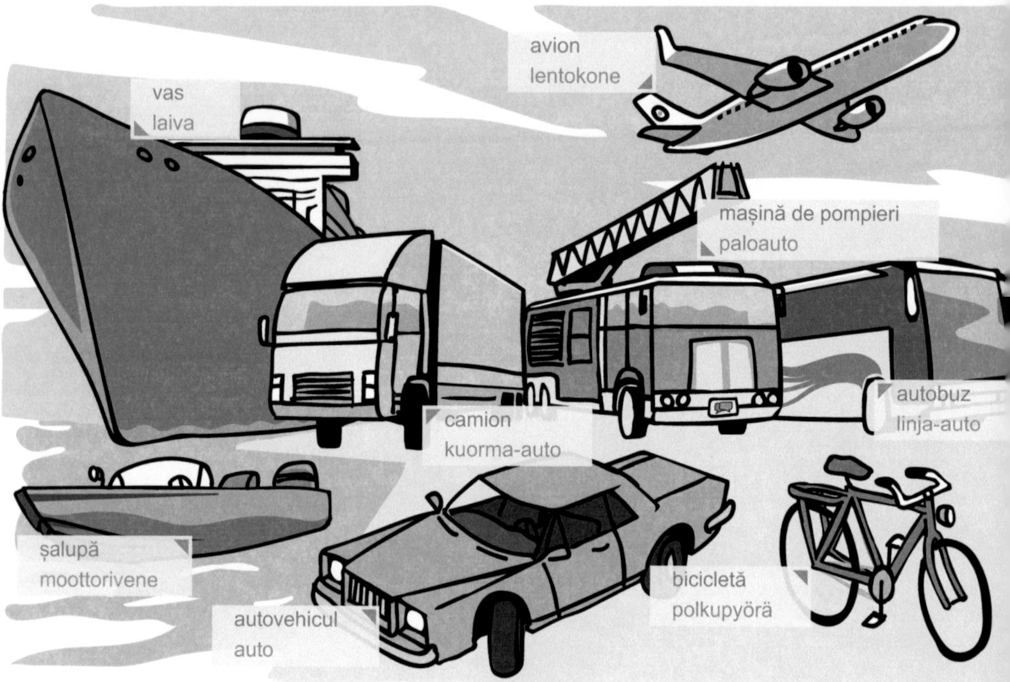
avion
lentokone
vas
laiva
mașină de pompieri
paloauto
autobuz
linja-auto
camion
kuorma-auto
șalupă
moottorivene
bicicletă
polkupyörä
autovehicul
auto

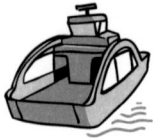

feribot

lautta

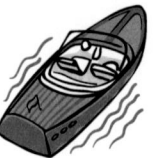

barcă

vene

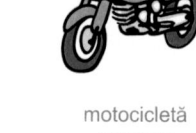

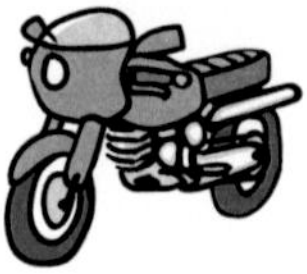

motocicletă

moottoripyörä

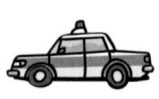

mașină de poliție

poliisiauto

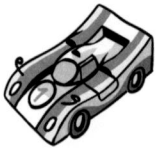

mașină de curse

kilpa-auto

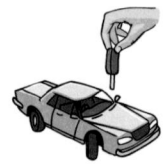

mașină închiriată

vuokra-auto

car sharing

car sharing

mașină de tractat

hinausauto

mașină de gunoi

roska-auto

motor

moottori

combustibil

polttoaine

benzinărie

huoltoasema

semn de circulație

liikennemerkki

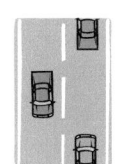

trafic

liikenne

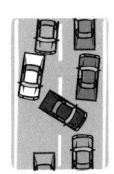

ambuteiaj

ruuhka

parcare

parkkipaikka

gară

rautatieasema

șine

raiteet

tren

juna

tramvai

raitiovaunu

vagon

vaunu

elicopter

helikopteri

aeroport

lentokenttä

turn

lähilennonjohto

pasager

matkustaja

container

kontti

carton

pahvilaatikko

căruţă

kärryt

coş

kori

a decola/a ateriza

nousta / laskea

oraş
kaupunki

sat

kylä

centru

keskusta

casă

talo

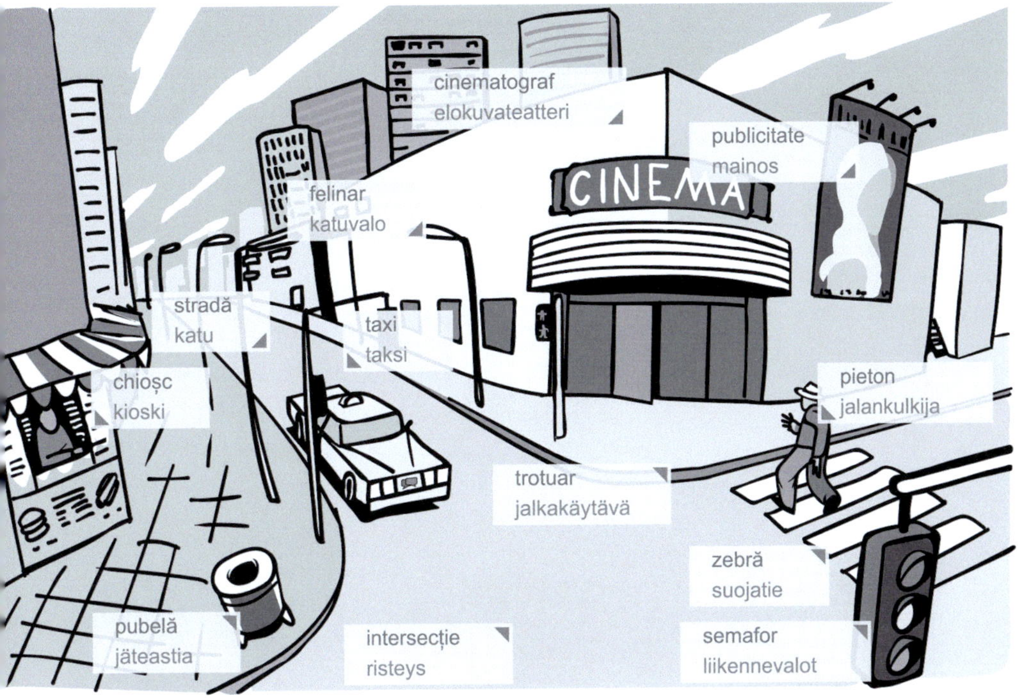

cinematograf
elokuvateatteri

publicitate
mainos

felinar
katuvalo

strada
katu

taxi
taksi

chioșc
kioski

pieton
jalankulkija

trotuar
jalkakäytävä

zebră
suojatie

pubelă
jäteastia

intersecție
risteys

semafor
liikennevalot

CINEMA

cabană

mökki

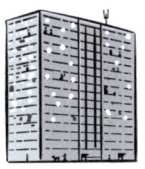

apartament

kerrostalo

gară

rautatieasema

primărie

kaupungintalo

muzeu

museo

școală

koulu

universitate

yliopisto

bancă

pankki

spital

sairaala

hotel

hotelli

farmacie

apteekki

birou

toimisto

librărie

kirjakauppa

magazin

liike

florărie

kukkakauppa

supermarket

supermarketti

piață

tori

magazin universal

tavaratalo

comerciant de pește

kalakauppias

centru comercial

ostoskeskus

port

satama

parc

puisto

bancă

penkki

pod

silta

trepte

portaat

metrou

metro

tunel

tunneli

stație de autobuz

linja-autopysäkki

bar

baari

restaurant

ravintola

cutie poștală

postilaatikko

tăbliță indicatoare cu
numele străzii

katukyltti

parcometru

parkkimittari

grădină zoologică

eläintarha

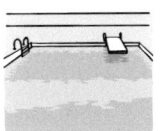

piscină

uimala

moschee

moskeija

gospodărie țărănească
maatila

poluare
ympäristön saastuminen

cimitir
hautausmaa

biserică
kirkko

loc de joacă
leikkikenttä

templu
temppeli

peisaj
maisema

frunză
lehti

indicator
tienviitta

drum
tie

pajiște
niitty

piatră
kivi

drumeț
retkeilijä

copac
puu

râu
joki

iarbă
ruoho

floare
kukka

vale

laakso

deal

vuori

lac

järvi

pădure

metsä

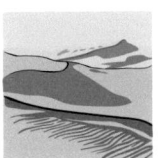

deșert

aavikko

vulcan

tulivuori

castel

linna

curcubeu

sateenkaari

ciupercă

sieni

palmier

palmu

țânțar

hyttynen

muscă

kärpänen

furnică

muurahainen

albină

mehiläinen

păianjen

hämähäkki

peisaj - maisema

gândac

kovakuoriainen

broască

sammakko

veveriță

orava

arici

siili

iepure

jänis

bufniță

pöllö

pasăre

lintu

lebădă

joutsen

porc mistreț

villisika

cerb

peura

elan

hirvi

dig

pato

turbină eoliană

tuulimylly

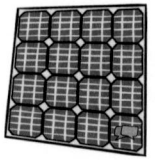

panou solar

aurinkopaneeli

climă

ilmasto

restaurant
ravintola

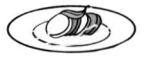

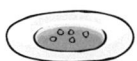

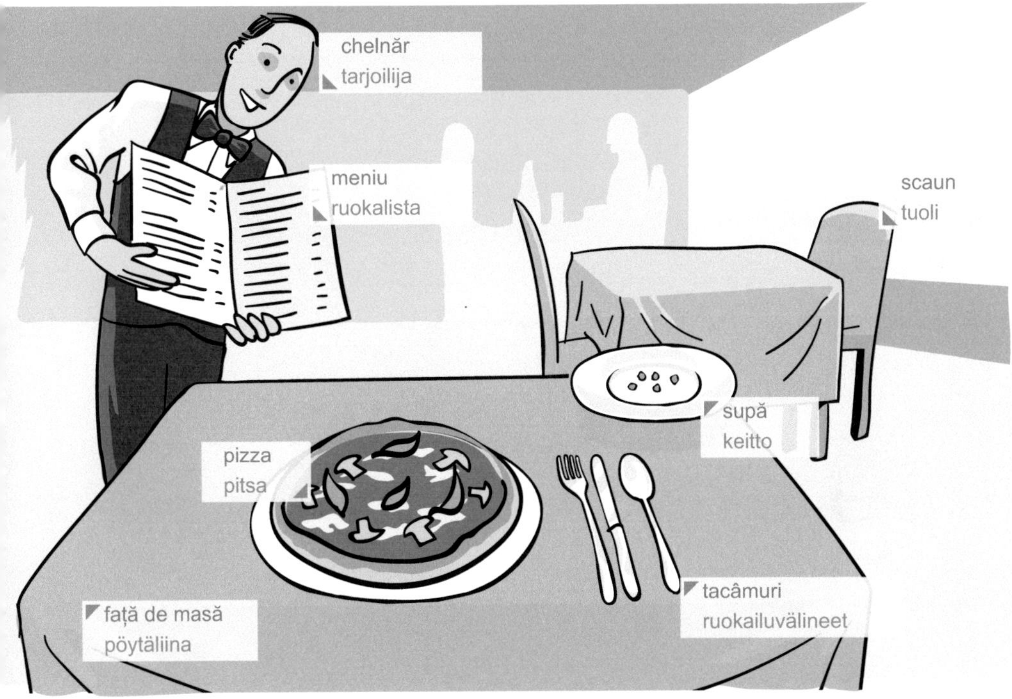
chelnăr
tarjoilija
meniu
ruokalista
scaun
tuoli
supă
keitto
pizza
pitsa
tacâmuri
ruokailuvälineet
față de masă
pöytäliina

antreu

alkuruoka

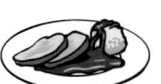

fel principal

pääruoka

desert

jälkiruoka

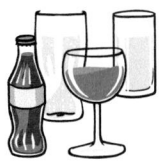

băuturi

juomat

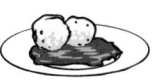

mâncare

ruoka

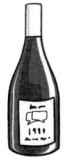

sticlă

pullo

fastfood

pikaruoka

streetfood

katuruoka

ceainic

teekannu

zaharniță

sokeriastia

porție

annos

espressor

espressokeitin

scaun înalt (pentru copii)

syöttötuoli

factură

lasku

tavă

tarjotin

cuțit

veitsi

furculiță

haarukka

lingură

lusikka

linguriță

teelusikka

șervețel

servietti

pahar

lasi

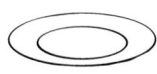

farfurie

lautanen

farfurie de supă

syvä lautanen

farfurie

aluslautanen

sos

kastike

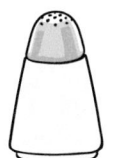

solniță

suolasirotin

râșniță de piper

pippurimylly

oțet

etikka

ulei

öljy

condimente

mausteet

ketchup

ketsuppi

muștar

sinappi

maioneză

majoneesi

supermarket
supermarketti

ofertă
tarjous
client
asiakas
produse lactate
maitotuotteet
fructe
hedelmät
cărucior de cumpărături
ostoskärryt

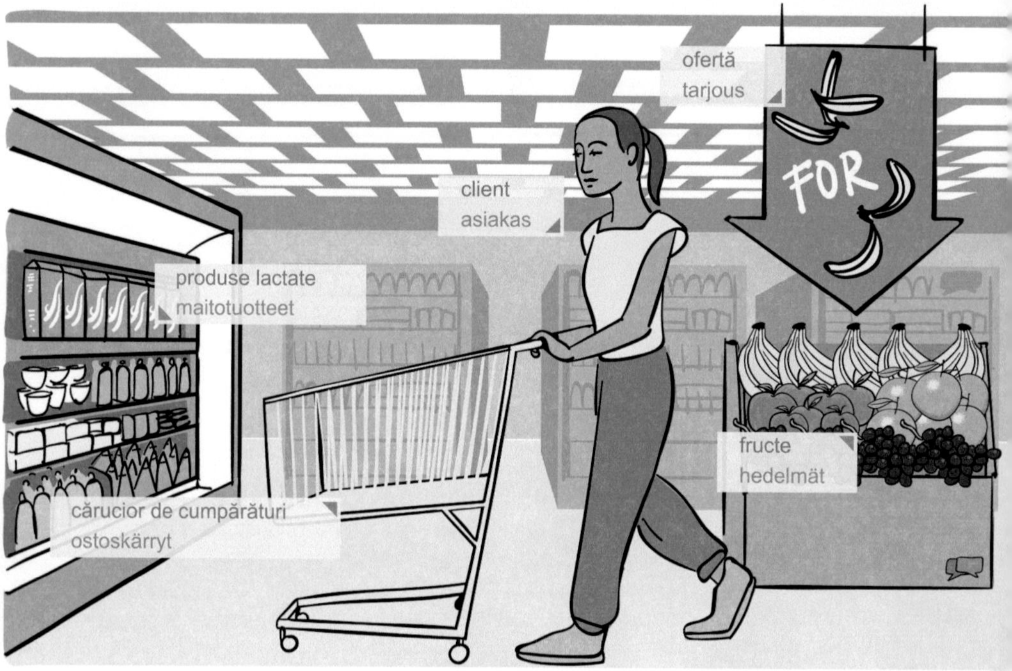

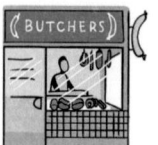

măcelărie

teurastamo

brutărie

leipomo

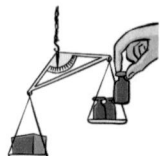

a cântări

punnita

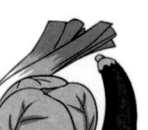

legume

kasvikset

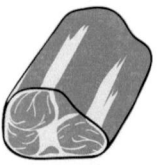

carne

liha

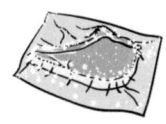

alimente refrigerate

pakasteet

ezeluri și brânzeturi feliate

leikkele

conserve

säilykkeet

detergent

pesujauhe

dulciuri

makeiset

articole de menaj

kotitaloustarvikkeet

produse de curățenie

puhdistusaineet

vânzătoare

myyjä

casă

kassa

casier

kassanhoitaja

listă de cumpărături

ostoslista

orar

aukioloajat

portmoneu

lompakko

carte de credit

luottokortti

geantă

kassi

pungă de plastic

muovipussi

apă

vesi

suc

mehu

lapte

maito

cola

kokis

vin

viini

bere

olut

alcool

alkoholi

cacao

kaakao

ceai

tee

cafea

kahvi

espresso

espresso

cappucino

cappuccino

banane

banaani

măr

omena

portocală

appelsiini

pepene

meloni

lămâie

sitruuna

morcov

porkkana

usturoi

valkosipuli

bambus

bambu

ceapă

sipuli

ciupercă

sieni

nuci

pähkinät

paste făinoase

spagetti

spagheti

spagetti

orez

riisi

salată

salaatti

cartofi prăjiți

ranskalaiset

cartofi ţărăneşti

paistetut perunat

pizza

pitsa

hamburger

hampurilainen

sandwich

voileipä

șnițel

leike

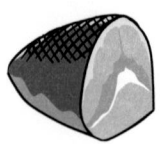

şuncă

kinkku

salam

salami

cârnați

makkara

pui

kana

friptură

paisti

peşte

kala

fulgi de ovăz

kaurahiutaleet

musli

mysli

cereale

murot

făină

jauho

corn

voisarvi

chifle

sämpylä

pâine

leipä

pâine prăjită

paahtoleipä

biscuiţi

keksit

unt

voi

brânză de vaci

rahka

prăjitură

kakku

ou

kananmuna

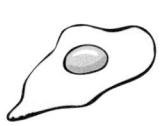

ouă ochiuri

paistettu kananmuna

brânză

juusto

îngheţată

jäätelö

zahăr

sokeri

miere

hunaja

marmeladă

hillo

cremă nuga

suklaapähkinälevite

curry

curry

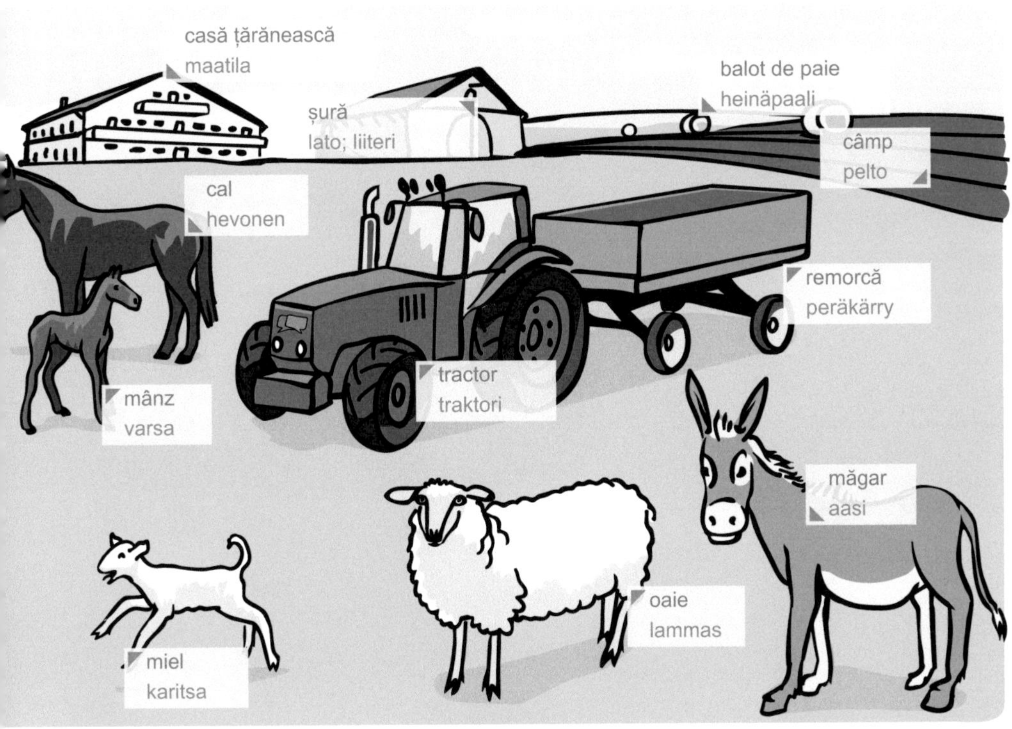

casă țărănească
maatila

șură
lato; liiteri

balot de paie
heinäpaali

câmp
pelto

cal
hevonen

remorcă
peräkärry

mânz
varsa

tractor
traktori

măgar
aasi

oaie
lammas

miel
karitsa

capră

vacă

vițel

vuohi

lehmä

vasikka

porc

purcel

taur

sika

porsas

sonni

găină

hanhi

rață

ankka

pui

tipu

găină

kana

cocoș

kukko

șobolan

rotta

pisică

kissa

șoarece

hiiri

bou

härkä

câine

koira

cușcă

koirankoppi

furtun de grădină

puutarhaletku

stropitoare

kastelukannu

coasă

viikate

plug

aura

seceră

sirppi

sapă

kuokka

furcă

talikko

secure

kirves

roabă

kottikärryt

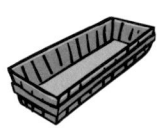

troacă

kaukalo

cană pentru lapte

maitokannu

sac

säkki

gard

aita

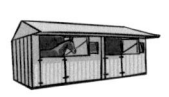

grajd

talli

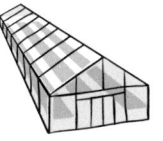

seră

kasvihuone

sol

maa

sămânță

siemen

fertilizator

lannoite

combină de treierat

leikkuupuimuri

a culege

kerätä sato

recoltă

sato

cartof yam

jamssit

grâu

vehnä

soia

soija

cartof

peruna

porumb

maissi

rapiță

rypsi

pom fructifer

hedelmäpuu

manioc

maniokki

cereale

vilja

casă

talo

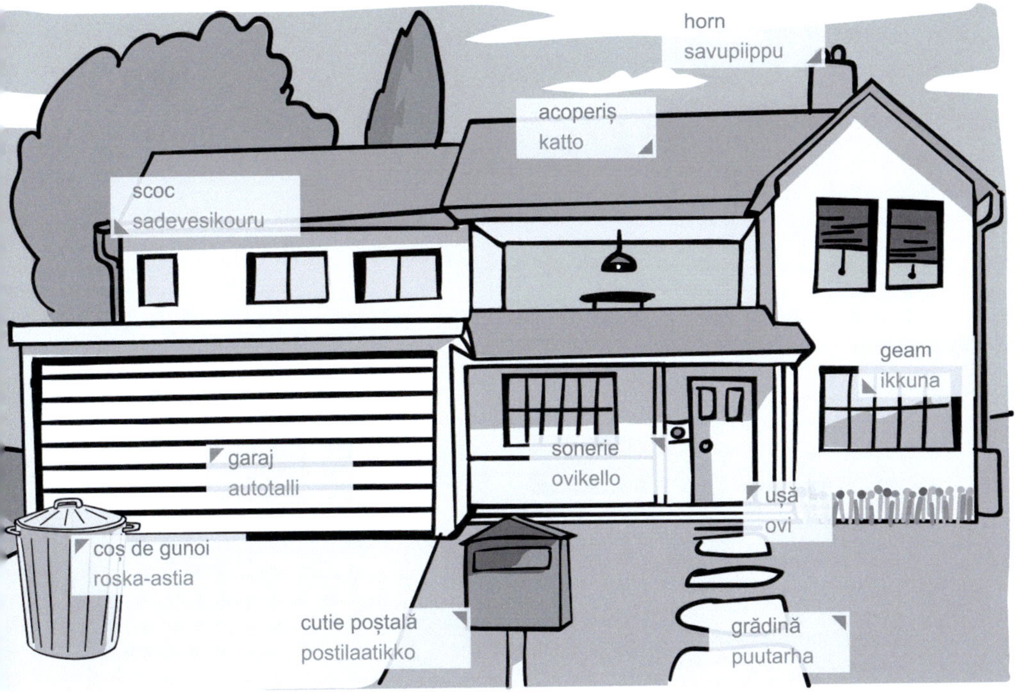

horn
savupiippu
acoperiș
katto
scoc
sadevesikouru
geam
ikkuna
garaj
autotalli
sonerie
ovikello
ușă
ovi
coș de gunoi
roska-astia
cutie poștală
postilaatikko
grădină
puutarha

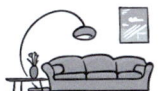

cameră de zi

olohuone

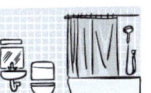

baie

kylpyhuone

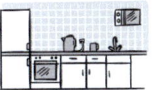

bucătărie

keittiö

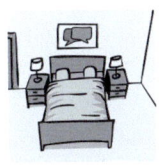

dormitor

makuuhuone

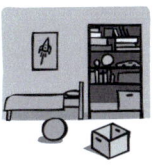

camera copiilor

lastenhuone

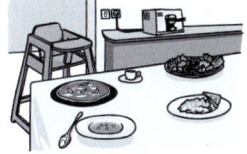

sufragerie

ruokahuone

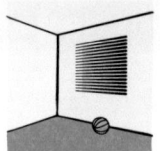

podea

lattia

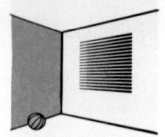

perete

seinä

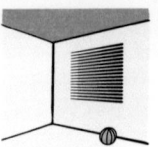

tavan

katto

pivniță

kellari

saună

sauna

balcon

parveke

terasă

terassi

piscină

uima-allas

mașină de tuns iarba

ruohonleikkuri

cearșaf

lakana

cuvertură

päiväpeitto

pat

sänky

mătură

harja

găleată

ämpäri

întrerupător

katkaisin

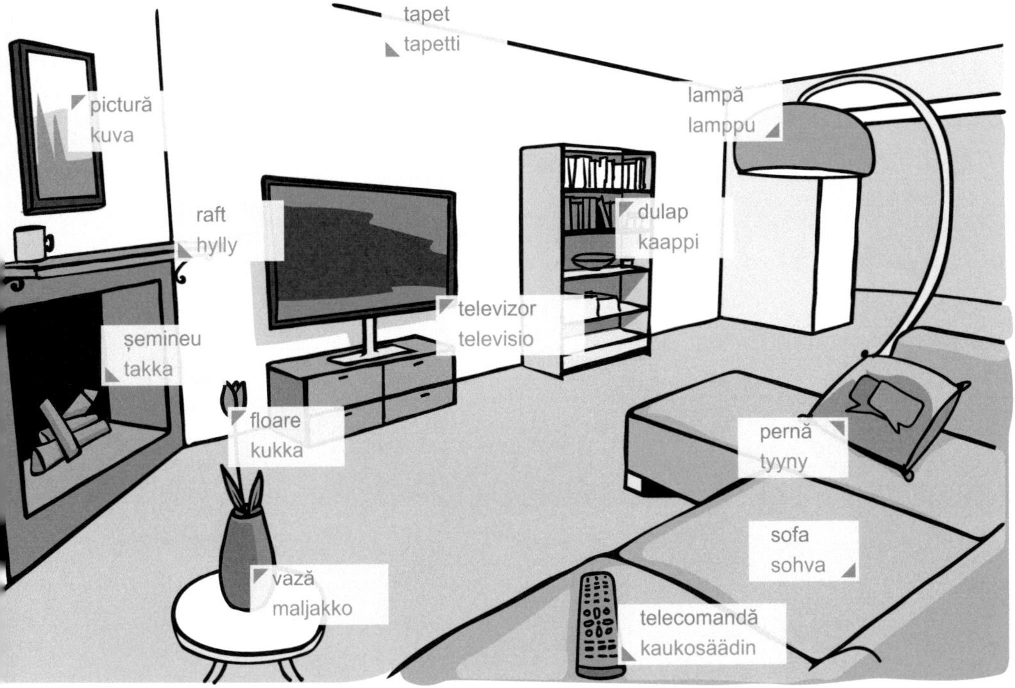

tapet
tapetti

pictură
kuva

lampă
lamppu

raft
hylly

dulap
kaappi

șemineu
takka

televizor
televisio

floare
kukka

pernă
tyyny

sofa
sohva

vază
maljakko

telecomandă
kaukosäädin

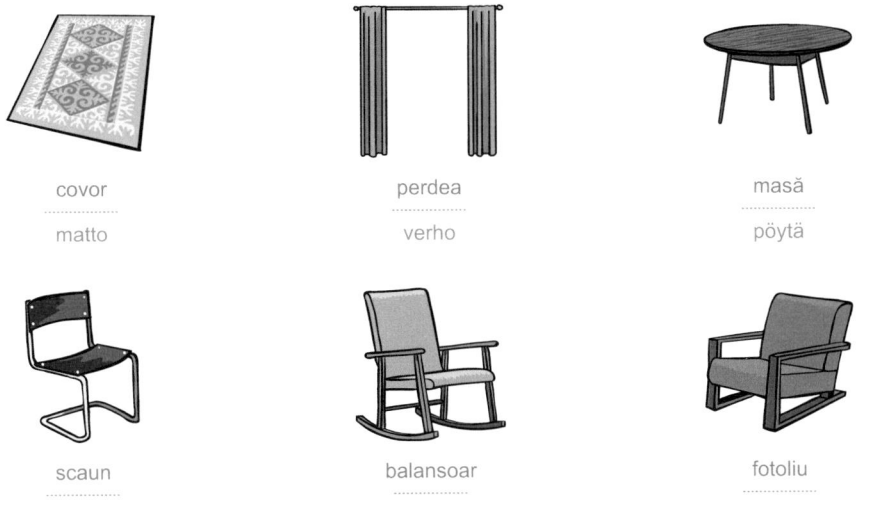

covor	perdea	masă
matto	verho	pöytä
scaun	balansoar	fotoliu
tuoli	keinutuoli	nojatuoli

carte

kirja

pătură

peitto

decoraţiune

koriste

lemn de foc

polttopuut

film

elokuva

instalaţie stereo

stereot

cheie

avain

ziar

sanomalehti

desen

maalaus

poster

juliste

radio

radio

caiet de notiţe

muistivihko

aspirator

pölynimuri

cactus

kaktus

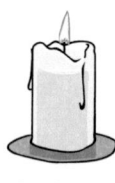

lumânare

kynttilä

bucătărie
keittiö

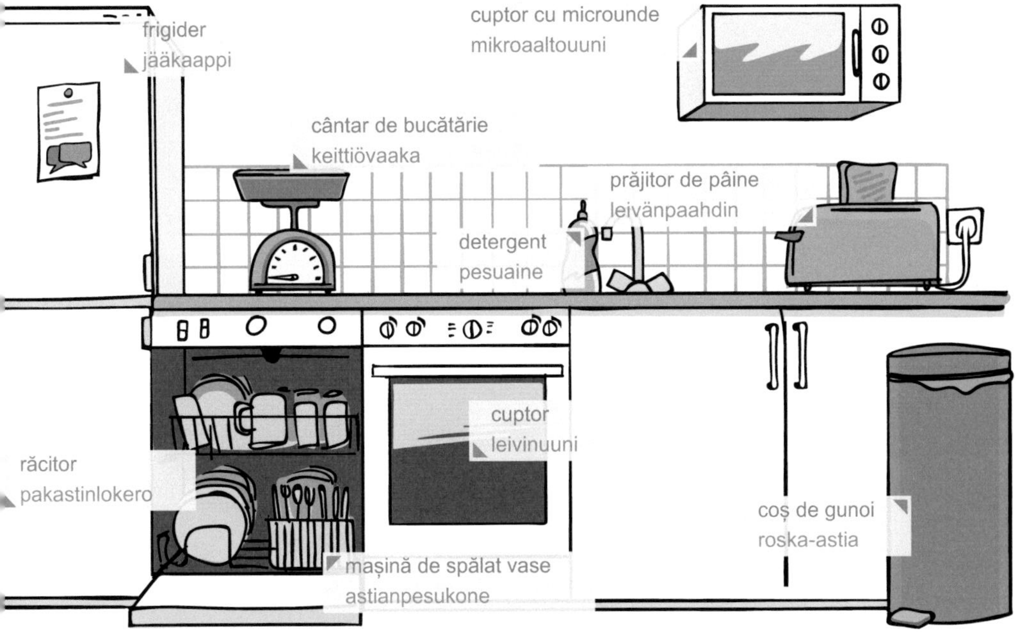

frigider
jääkaappi
cuptor cu microunde
mikroaaltouuni
cântar de bucătărie
keittiövaaka
prăjitor de pâine
leivänpaahdin
detergent
pesuaine
cuptor
leivinuuni
răcitor
pakastinlokero
coș de gunoi
roska-astia
mașină de spălat vase
astianpesukone

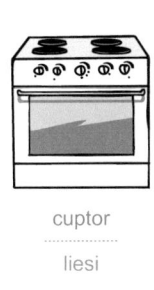

cuptor
liesi

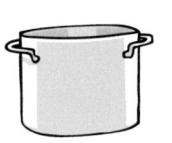

oală
kattila

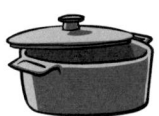

oală de metal
rautapata

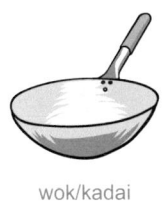

wok/kadai
vokkipannu / kadai-pannu

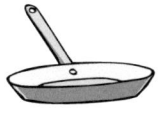

tigaie
paistinpannu

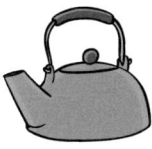

ceainic
teepannu

oală de gătit cu aburi

höyrykeitin

tavă de copt

uunipelti

veselă

astiat

pahar

muki

bol

kulho

bețișoare

syömäpuikot

polonic

kauha

spatulă

paistinlasta

tel

vispilä

sită

siivilä

sită

siivilä

răzătoare

raastin

mojar

mortteli

grătar

grilli

loc pentru grătar

avotuli

tocător

leikkuulauta

sucitor

kaulin

tirbușon

korkinavaaja

conservă

purkki

deschizător de conserve

purkinavaaja

șervete termice

pannulappu

chiuvetă

lavuaari

perie

tiskiharja

burete

pesusieni

mixer

tehosekoitin

ladă frigorifică

pakastin

biberon

tuttipullo

robinet

vesihana

baie
kylpyhuone

duș
suihku
încălzire
lämmitys
prosop
pyyhe
perdea de duș
suihkuverho
baie cu spumă
vaahtokylpy
cadă
kylpyamme
pahar
lasi
mașină de spălat
pesukone
robinet
vesihana
gresie
kaakelit
oală de noapte
potta
chiuvetă
lavuaari

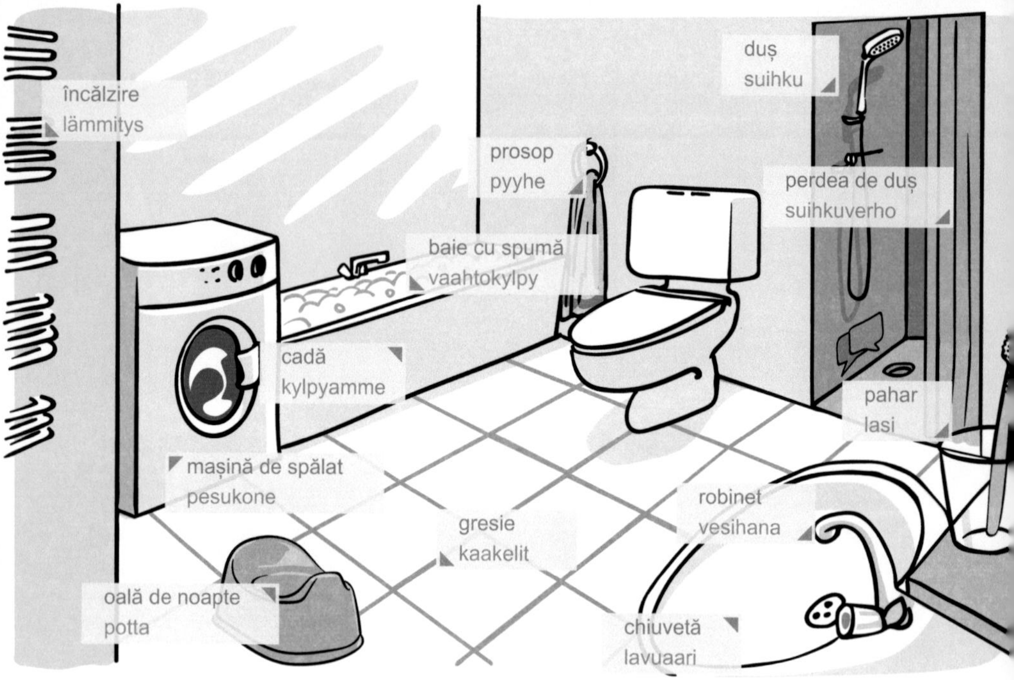

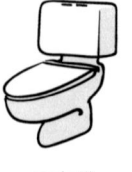

toaletă
vessa

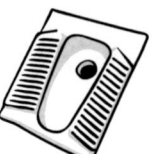

toaletă turcescă
kyykkyvessa

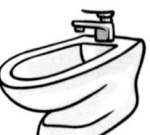

bideu
bidee

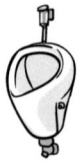

pisoir
pisuaari

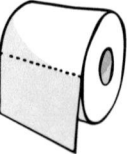

hârtie igienică
vessapaperi

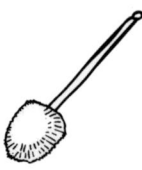

perie de toaletă
vessaharja

periuță de dinți

hammasharja

pastă de dinți

hammastahna

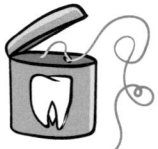

ață dentară

hammaslanka

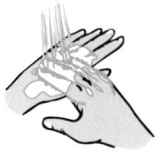

a spăla

pestä

cap de duș

käsisuihku

duș intim

intiimisuihku

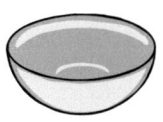

lavoar

pesuvati

perie pentru spate

selkäharja

săpun

saippua

gel de duș

suihkugeeli

șampon

shampoo

cârpă de spălat

pesulappu

scurgere

viemäri

cremă

voide

deodorant

deodorantti

oglindă

peili

oglindă cosmetică

käsipeili

aparat de ras

partaveitsi

spumă de ras

partavaahto

aftershave

partavesi

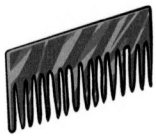

pieptene

kampa

perie

harja

uscător de păr

hiustenkuivaaja

fixator

hiuslakka

machiaj

meikki

ruj

huulipuna

lac de unghii

kynsilakka

vată

pumpuli

foarfece de unghii

kynsisakset

parfum

hajuvesi

neseser

kosmetiikkalaukku

taburet

jakkara

cântar

vaaka

halat de baie

kylpytakki

mănuși de cauciuc

kumihansikkaat

tampon

tamponi

tampon

terveysside

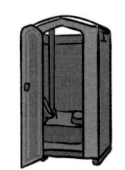

toaletă chimică

kemiallinen wc

camera copiilor
lastenhuone

ceas deșteptător
herätyskello
jucărie de pluș
pehmolelu
mașină de jucărie
leikkiauto
morișcă
helistin
casă de păpuși
nukkekoti
cadou
lahja

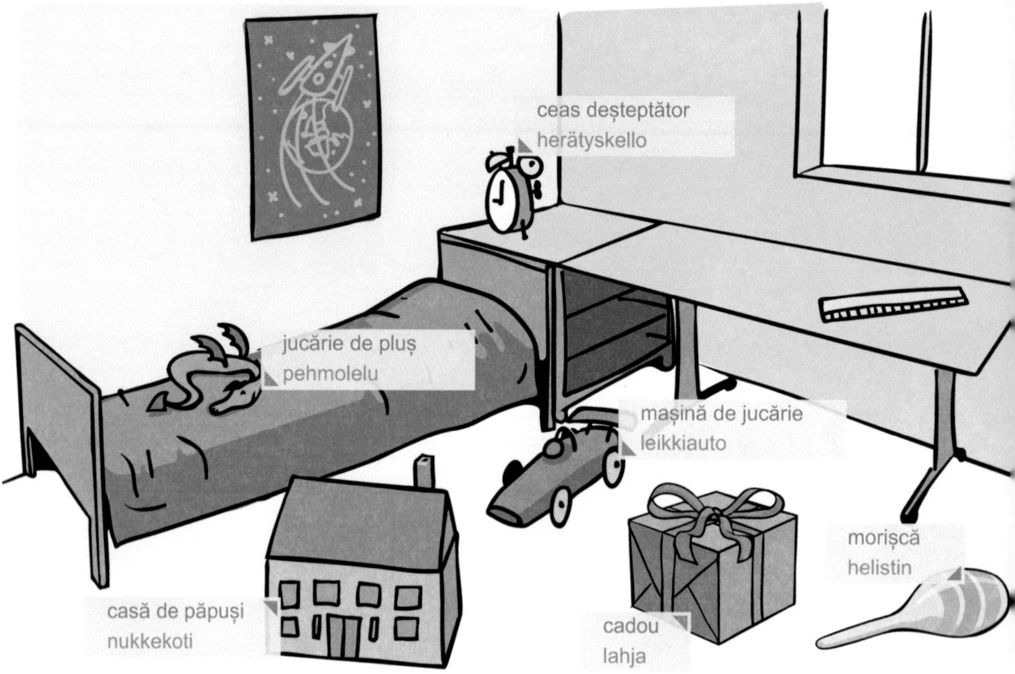

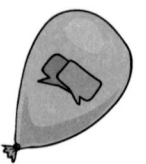

balon

ilmapallo

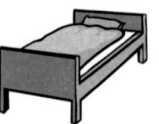

pat

sänky

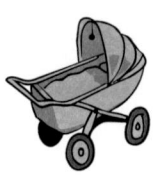

cărucior de copii

lastenvaunut

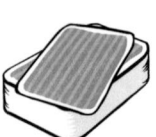

joc de cărți

korttipeli

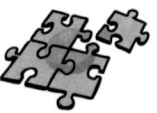

puzzle

palapeli

SUPER
MEGA

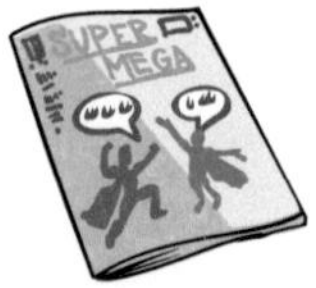

revistă de benzi desenate

sarjakuva

cuburi lego

legopalikat

piese pentru construcții

rakennuspalikat

personaj din filmele de
acțiune

supersankari

body

potkupuku

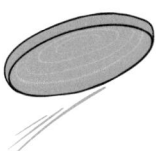

frisbee

frisbee

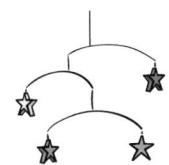

mobil

mobile

joc de societate

lautapeli

zar

noppa

set trenuleț de jucărie

pienoisjunarata

suzetă

tutti

petrecere

juhlat

carte cu poze

kuvakirja

minge

pallo

păpușă

nukke

a se juca

leikkiä

groapă de nisip

hiekkalaatikko

leagăn

keinu

jucării

lelut

consolă video

pelikonsoli

tricicletă

kolmipyörä

ursuleț

nalle

dulap

vaatekaappi

îmbrăcăminte

vaatteet

șosete

sukat

ciorapi

nylonsukat

dres

sukkahousut

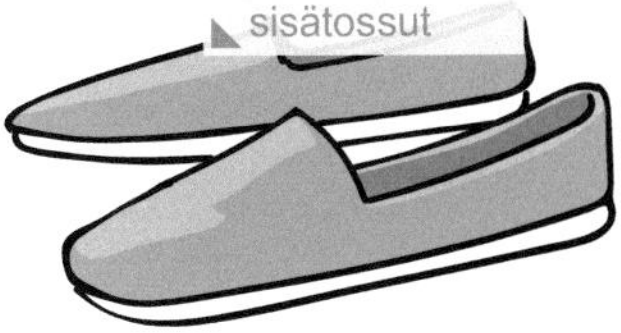

şal
kaulaliina

umbrelă
sateenvarjo

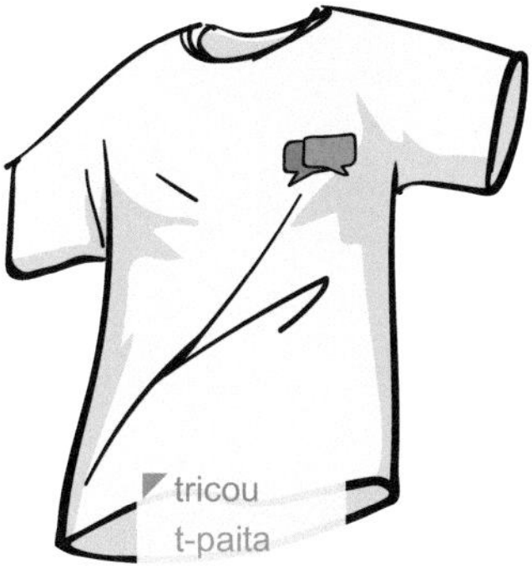

tricou
t-paita

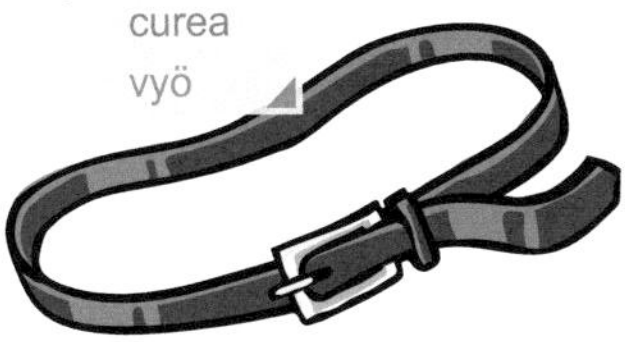

curea
vyö

cizme
saappaat

papuci
sisätossut

pantofi sport
lenkkarit

sandale

sandaalit

încălţăminte

kengät

cizme de cauciuc

kumisaappaat

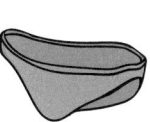

chilot

alushousut

sutien

rintaliivit

maiou

aluspaita

body

body

pantaloni

housut

blugi

farkut

fustă

hame

bluză

pusero

cămaşă

paita

pulover

villapaita

jerseu

collegepaita

sacou

jakku

jachetă

takki

palton

takki

pelerină de ploaie

sadetakki

costum

puku

rochie

mekko

rochie de mireasă

hääpuku

costum

puku

cămașă de noapte

yöpaita

pijama

pyjama

sari

shari

batic

päähuivi

turban

turbaani

burka

burka

caftan

kaftaani

abaya

abaya

costum de baie

uimapuku

șort

uimahousut

pantaloni scurți

shortsit

trening

verkkarit

șorț

esiliina

mănuși

käsineet

nasture

nappi

ochelari

silmälasit

brăţară

rannekoru

lanţ

kaulakoru

inel

sormus

cercel

korvakoru

căciulă

lippalakki

umeraș

ripustin

pălărie

hattu

cravată

solmio

fermoar

vetoketju

cască

kypärä

bretele

henkselit

uniformă școlară

koulupuku

uniformă

univormu

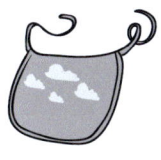

bavețică

ruokalappu

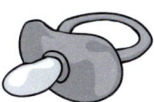

suzetă

tutti

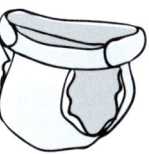

scutec

vaippa

birou

toimisto

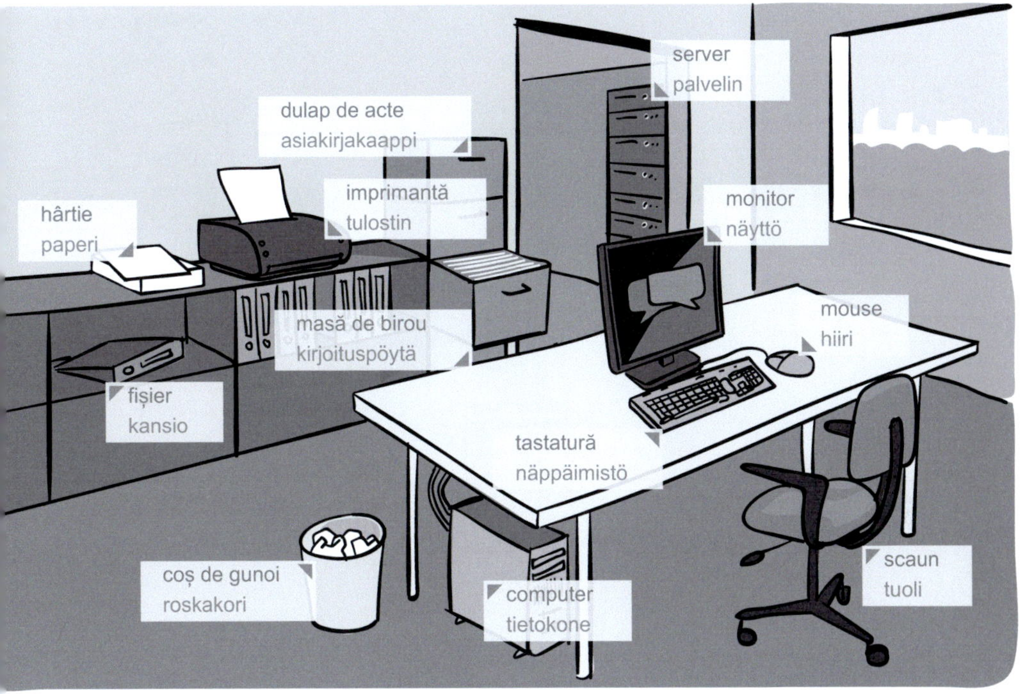
server
palvelin
dulap de acte
asiakirjakaappi
hârtie
paperi
imprimantă
tulostin
monitor
näyttö
mouse
hiiri
masă de birou
kirjoituspöytä
fișier
kansio
tastatură
näppäimistö
coș de gunoi
roskakori
computer
tietokone
scaun
tuoli

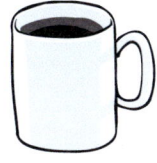

ceașcă de cafea

kahvimuki

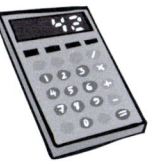

calculator

taskulaskin

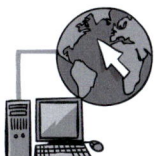

internet

internet

laptop

kannettava tietokone

scrisoare

kirje

mesaj

viesti

telefon mobil

kännykkä

reţea

verkko

copiator

kopiokone

software

ohjelmisto

telefon

puhelin

priză

pistorasia

fax

faksi

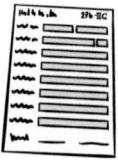

formular

lomake

document

asiakirja

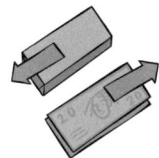

a cumpăra

ostaa

a plăti

maksaa

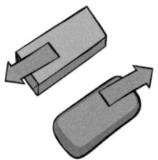

a face comerţ

vaihtaa

bani

raha

Dolar

dollari

Euro

euro

Yen

jeni

Rublă

rupla

Franc Elveţian

frangi

renminbi yuan

renminbi juan

Rupie

rupia

bancomat

pankkiautomaatti

casă de schimb valutar

rahanvaihto

aur

kulta

argint

hopea

petrol

öljy

energie

energia

preţ

hinta

contract

sopimus

impozit

vero

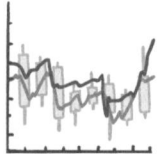

acţiune

osake

a munci

työskennellä

angajat

työntekijä

angajator

työnantaja

fabrică

tehdas

magazin

liike

polițist
poliisi

pompier
palomies

bucătar
kokki

medic
lääkäri

pilot
lentäjä

grădinar

puutarhuri

tâmplar

puuseppä

cusătoreasă

ompelija

judecător

tuomari

chimist

kemisti

actor

näyttelijä

şofer de autobuz

linja-autonkuljettaja

şofer de taxi

taksinkuljettaja

pescar

kalastaja

femeie de serviciu

siivooja

tinichigiu

katontekijä

chelnăr

tarjoilija

vânător

metsästäjä

pictor

maalari

brutar

leipuri

electrician

sähköasentaja

muncitor în construcţii

rakentaja

inginer

insinööri

măcelar

teurastaja

instalator

putkiasentaja

poştaş

postinjakaja

soldat

sotilas

arhitect

arkkitehti

casier

kassanhoitaja

florar

floristi

frizer

kampaaja

controlor

konduktööri

mecanic

mekaanikko

căpitan

kapteeni

stomatolog

hammaslääkäri

om de știință

tiedemies

rabin

rabbi

imam

imaami

călugăr

munkki

preot

pappi

instrumente
työkalut

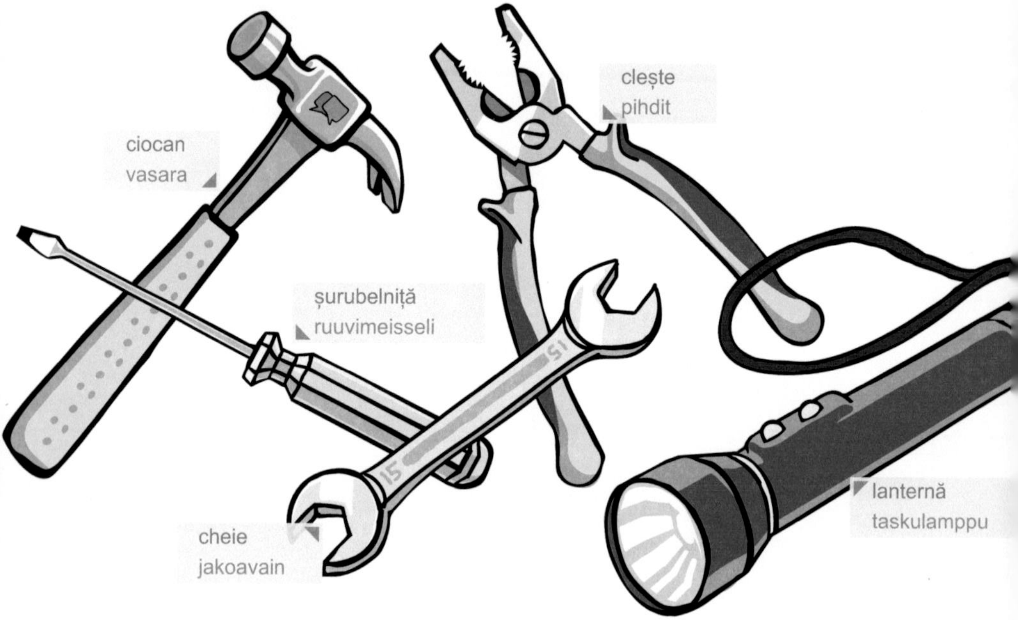

ciocan
vasara
cleşte
pihdit
şurubelniţă
ruuvimeisseli
cheie
jakoavain
lanternă
taskulamppu

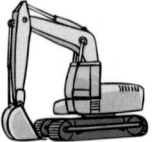

excavator

kaivinkone

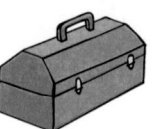

cutie de scule

työkalupakki

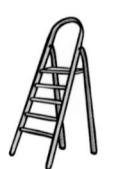

scară

tikkaat

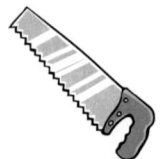

ferăstrău

saha

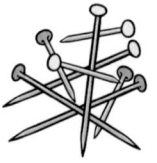

cuie

naulat

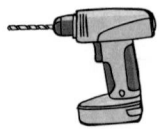

burghiu

pora

a repara
korjata

lopată
lapio

La naiba!
Hitto!

făraș
rikkalapio

vas pentru vopsea
maalipurkki

șuruburi
ruuvit

instrumente muzicale
soittimet

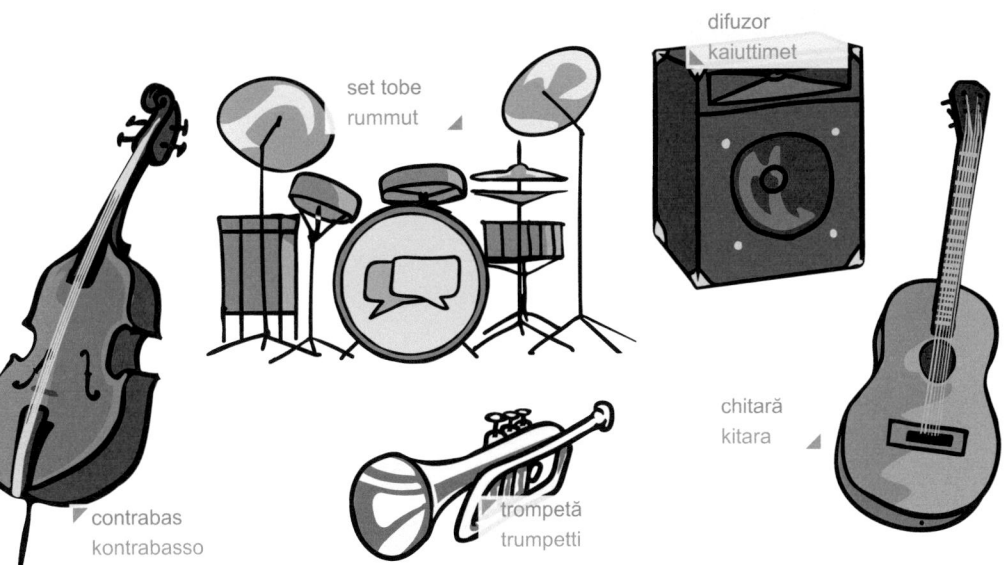

difuzor
kaiuttimet

set tobe
rummut

contrabas
kontrabasso

trompetă
trumpetti

chitară
kitara

pian
piano

vioară
viulu

bas
basso

trombon
patarummut

tobă
rumpu

keyboard
kosketinsoitin

saxofon
saksofoni

fluier
huilu

microfon
mikrofoni

grădină zoologică
eläintarha

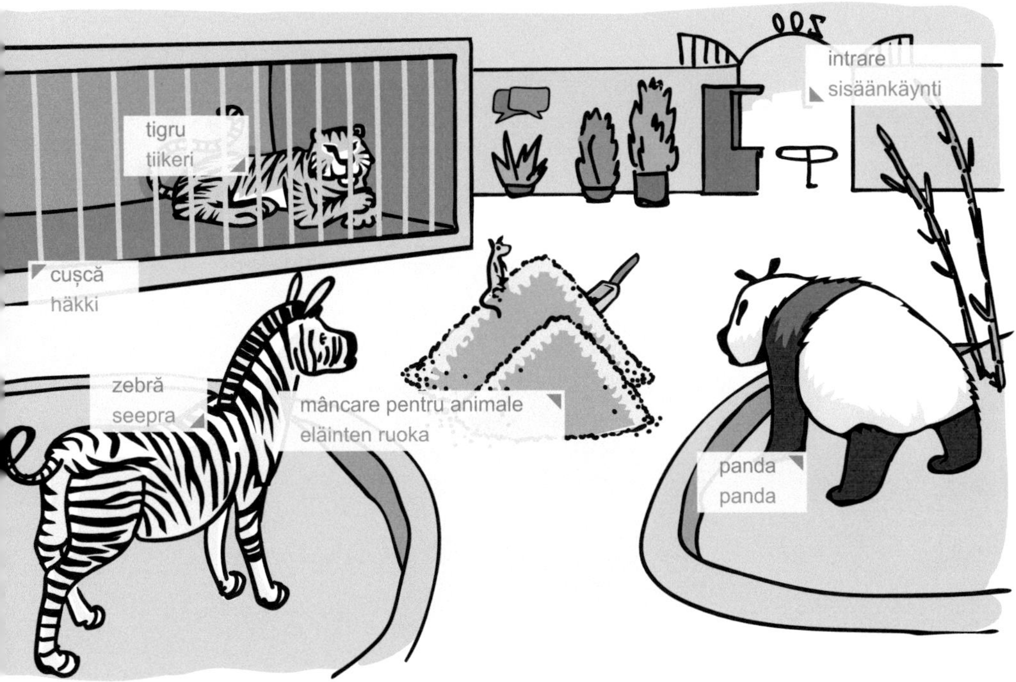
intrare
sisäänkäynti
tigru
tiikeri
cușcă
häkki
zebră
seepra
mâncare pentru animale
eläinten ruoka
panda
panda

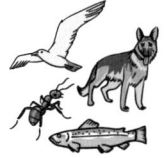

animale

eläimet

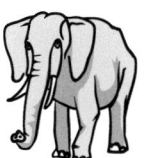

elefant

norsu

cangur

kenguru

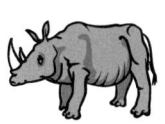

rinocer

sarvikuono

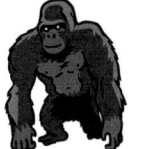

gorilă

gorilla

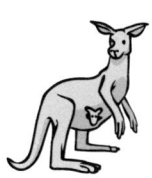

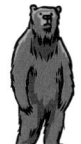

urs

karhu

cămilă

kameli

struţ

strutsi

leu

leijona

maimuţă

apina

flamingo

flamingo

papagal

papukaija

urs polar

jääkarhu

pinguin

pingviini

rechin

hai

păun

riikinkukko

şarpe

käärme

crocodil

krokotiili

îngrijitor grădina zoologică

eläintarhanhoitaja

focă

hylje

jaguar

jaguaari

ponei
poni

leopard
leopardi

hipopotam
virtahepo

girafă
kirahvi

acvilă
kotka

porc mistreț
villisika

pește
kala

broască țestoasă
kilpikonna

morsă
mursu

vulpe
kettu

gazelă
gaselli

fotbal american
amerikkalainen jalkapallo

ciclism
pyöräily

tenis
tennis

basketball
koripallo

înot
uinti

box
nyrkkeily

hockey pe gheață
jääkiekko

fotbal
jalkapallo

badminton
sulkapallo

atletism
yleisurheilu

handbal
käsipallo

schi
hiihto

polo
poolo

a râde
nauraa

a sări
hypätä

a îmbrățișa
halata

a merge
kävellä

a cânta
laulaa

a se ruga
rukoilla

a săruta
suudella

a visa
unelmoida

a scrie

kirjoittaa

a desena

piirtää

a arăta

näyttää

a împinge

painaa

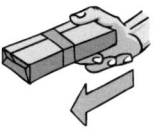

a da

antaa

a lua

ottaa

a avea

omistaa

a face

tehdä

a fi

olla

a sta în picioare

seisoa

a fugi

juosta

a trage

vetää

a arunca

heittää

a cădea

kaatua

a sta întins

maata

a aştepta

odottaa

a purta

kantaa

a şedea

istua

a se îmbrăca

pukeutua

a dormi

nukkua

a se trezi

herätä

a privi

katsoa

a plânge

itkeä

a mângâia

silittää

a se pieptăna

kammata

a vorbi

puhua

a înțelege

ymmärtää

a întreba

kysyä

a asculta

kuunnella

a bea

juoda

a mânca

syödä

a face ordine

siivota

a iubi

rakastaa

a găti

keittää

a conduce

ajaa

a zbura

lentää

a naviga

purjehtia

a calcula

laskea

a citi

lukea

a învăța

oppia

a munci

työskennellä

a se căsători

mennä naimisiin

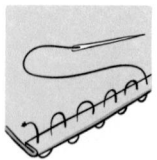

a coase

ommella

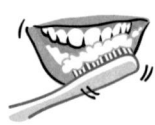

a se spăla pe dinți

pestä hampaat

a ucide

tappaa

a fuma

tupakoida

a trimite

lähettää

bunică
mummo

bunic
ukki

tată
isä

mamă
äiti

bebeluș
vauva

soră
tytär

fiu
poika

oaspete

vieras

mătușă

täti

unchi

setä

frate

veli

soră

sisko

corp
vartalo

frunte
otsa
ochi
silmă
umăr
olkapää
deget
sormet
față
kasvot
bărbie
leuka
mână
käsi
piept
rinta
picior
jalka
braț
käsivarsi

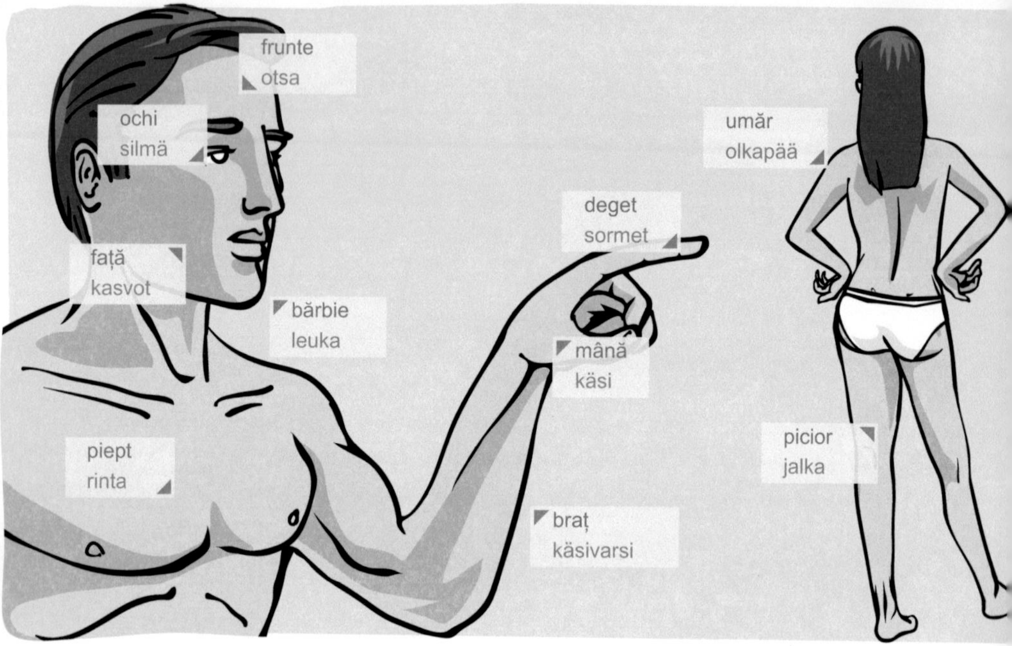

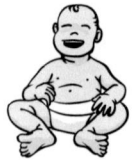

bebeluș
vauva

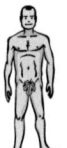

bărbat
mies

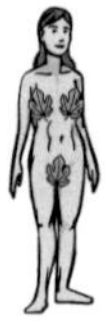

femeie
nainen

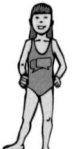

fată
tyttö

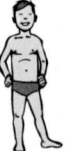

băiat
poika

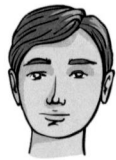

cap
pää

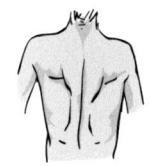

spate

selkä

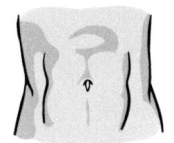

abdomen

maha

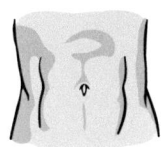

ombilic

napa

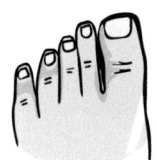

deget de la picior

varvas

călcâi

kantapää

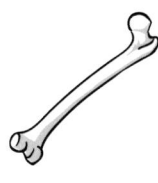

os

luu

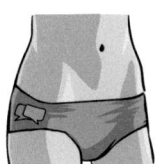

șold

lantio

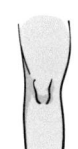

genunchi

polvi

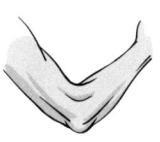

cot

kyynärpää

nas

nenä

fund

takapuoli

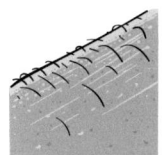

piele

iho

obraz

poski

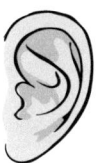

ureche

korva

buză

huuli

gură

suu

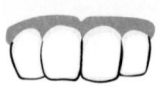

dinte

hammas

limbă

kieli

creier

aivot

inimă

sydän

mușchi

lihas

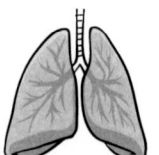

plămân

keuhkot

ficat

maksa

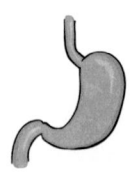

stomac

vatsa

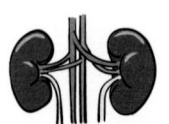

rinichi

munuaiset

sex

seksi

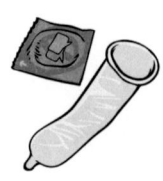

prezervativ

kondomi

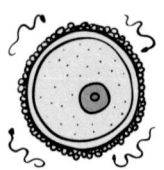

ovul

munasolu

spermă

sperma

sarcină

raskaus

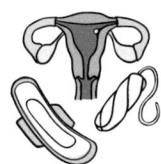

menstruație
kuukautiset

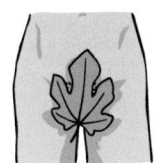

vagin
vagina

penis
penis

sprânceană
kulmakarvat

păr
hiukset

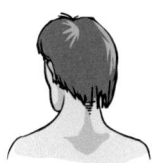

gât
niska

spital
sairaala

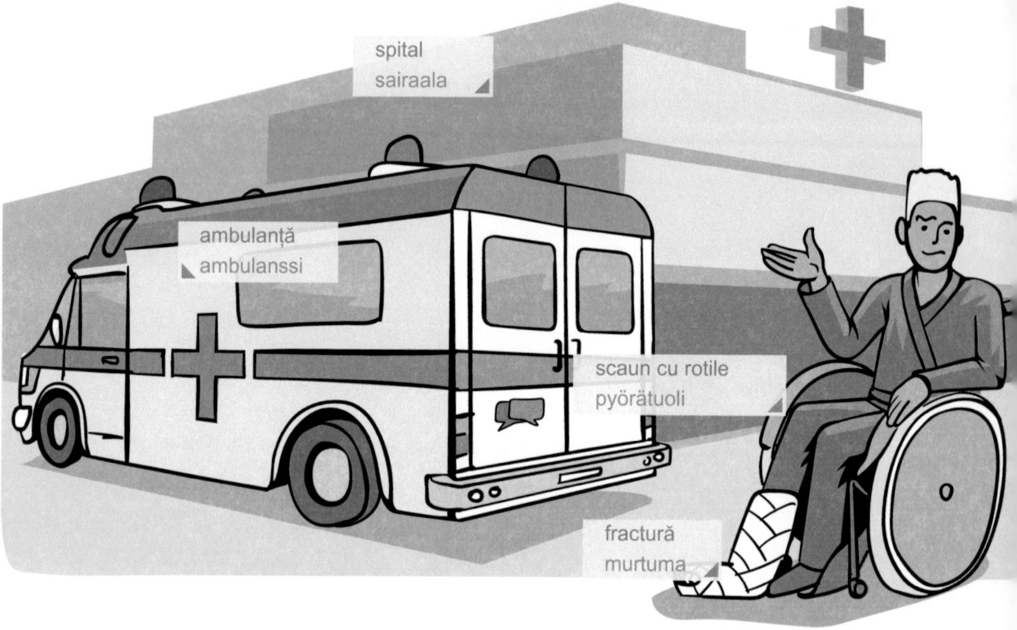

spital
sairaala
ambulanță
ambulanssi
scaun cu rotile
pyörätuoli
fractură
murtuma

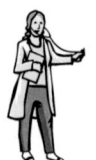

medic

lääkäri

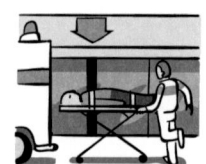

unitate de primiri urgențe

ensiapu

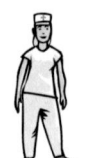

soră medicală

sairaanhoitaja

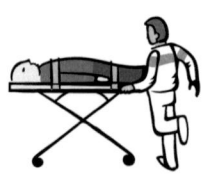

urgență

hätätilanne

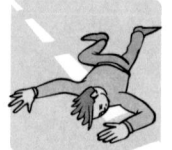

inconștient

tajuton

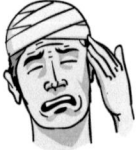

durere

kipu

leziune

vamma

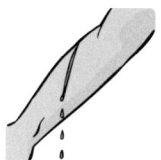

sângerare

verenvuoto

infarct miocardic

sydänkohtaus

atac cerebral

aivoinfarkti

alergie

allergia

tuse

yskä

febră

kuume

gripă

flunssa

diaree

ripuli

durere de cap

päänsärky

cancer

syöpä

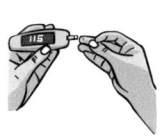

diabet

diabetes

chirurg

kirurgi

scalpel

veitsi

operație

leikkaus

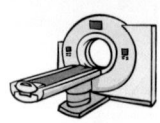

CT

ct

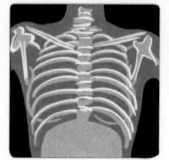

raze Röntgen

röntgen

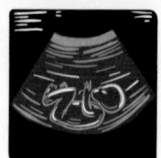

ultrasunet

ultraääni

mască

maski

boală

sairaus

sală de așteptare

odotushuone

cârjă

sauva

plasture

laastari

bandaj

side

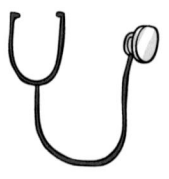

injecție

pistos

stetoscop

stetoskooppi

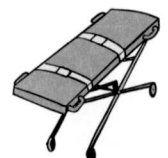

targă

paarit

termometru

kuumemittari

naștere

syntymä

supraponderabilitate

ylipaino

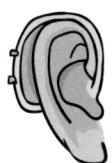

aparat auditiv

kuulolaite

dezinfectant

desinfiointiaine

infecţie

infektio

virus

virus

HIV/SIDA

HIV / AIDS

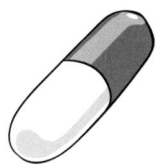

medicină

lääke

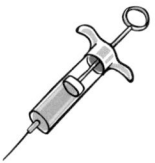

vaccin

rokotus

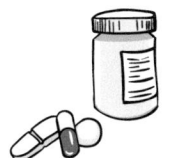

tablete

tabletit

pastilă

pilleri

apel de urgenţă

hätäpuhelu

aparat de măsurare a
presiunii arteriale

verenpainemittari

bolnav/sănătos

sairas / terve

Ajutor!

Apua!

alarmă

hälytys

agresiune

ryöstö

atac

hyökkäys

pericol

vaara

ieşire de urgenţă

hätäuloskäynti

Foc!

Tulipalo!

extinctor

palosammutin

accident

onnettomuus

trusă de prim-ajutor

ensiapulaukku

SOS

SOS

poliţie

poliisilaitos

Europa

Eurooppa

America de Nord

Pohjois-Amerikka

America de Sud

Etelä-Amerikka

Africa

Afrikka

Asia

Aasia

Australia

Australia

Altantic

Atlantin valtameri

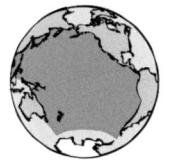

Pacific

Tyynimeri

Oceanul Indian

Intian valtameri

Oceanul Antarctic

Eteläinen jäämeri

Oceanul Arctic

Pohjoinen jäämeri

Polul Nord

pohjoisnapa

Polul Sud

etelänapa

Antarctica

Antarktis

pământ

maa

țară

maa

mare

meri

insulă

saari

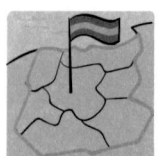

națiune

kansa

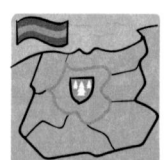

stat

osavaltio

cadran
kellotaulu

orar
tuntiviisari

minutar
minuuttiviisari

secundar
sekuntiviisari

Cât e ceasul?
Paljonko kello on?

zi
päivä

timp
aika

acum
nyt

cead digital
digitaalikello

minut
minuutti

oră
tunti

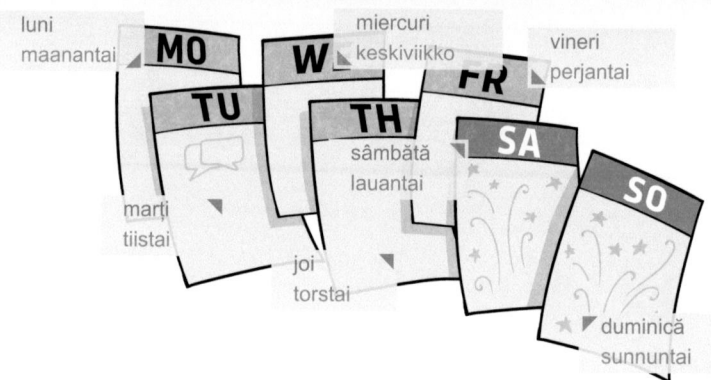

luni
maanantai

miercuri
keskiviikko

vineri
perjantai

marţi
tiistai

sâmbătă
lauantai

joi
torstai

duminică
sunnuntai

ieri

eilen

azi

tänään

mâine

huomenna

dimineaţă

aamu

amiază

keskipäivä

seară

ilta

MO	TU	WE	TH	FR	SA	SU
1	2	3	4	5	6	7
8	9	10	11	12	13	14
15	16	17	18	19	20	21
22	23	24	25	26	27	28
29	30	31	1	2	3	4

MO	TU	WE	TH	FR	SA	SU
1	2	3	4	5	6	7
8	9	10	11	12	13	14
15	16	17	18	19	20	21
22	23	24	25	26	27	28
29	30	31	1	2	3	4

zile lucrătoare

työpäivät

week-end

viikonloppu

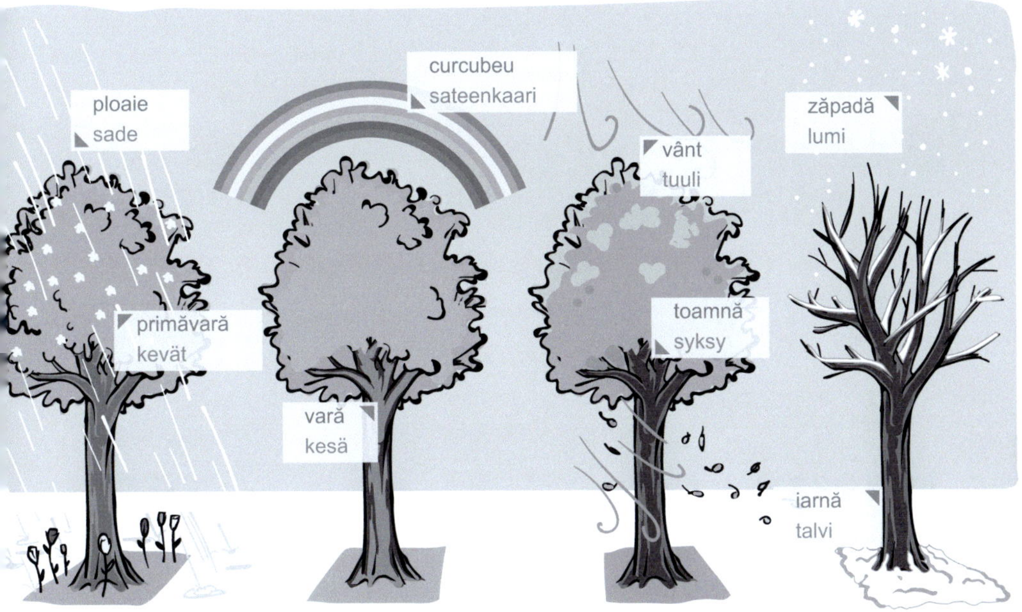

ploaie
sade

curcubeu
sateenkaari

vânt
tuuli

zăpadă
lumi

primăvară
kevät

vară
kesä

toamnă
syksy

iarnă
talvi

prognoză meteo

sääennuste

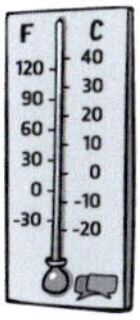

termometru

lämpömittari

lumina soarelui

auringonpaiste

nor

pilvi

ceață

sumu

umiditate a aerului

ilmankosteus

fulger

salama

tunet

ukkonen

furtună

myrsky

grindină

rae

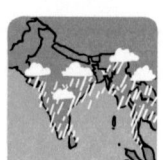

muson

monsuuni

inundație

tulva

gheață

jää

ianuarie

tammikuu

februarie

helmikuu

martie

maaliskuu

aprilie

huhtikuu

mai

toukokuu

iunie

kesäkuu

iulie

heinäkuu

august

elokuu

septembrie
....
syyskuu

octombrie
....
lokakuu

noiembrie
....
marraskuu

decembrie
....
joulukuu

forme
muodot

cerc
....
ympyrä

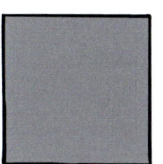

pătrat
....
neliö

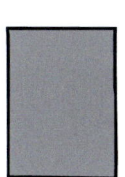

dreptunghi
....
suorakulmio

triunghi
....
kolmio

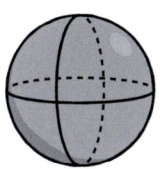

sferă
....
pallo

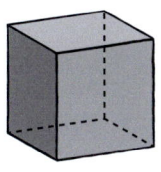

cub
....
kuutio

alb

valkoinen

galben

keltainen

portocaliu

oranssi

roz

vaaleanpunainen

roșu

punainen

violet

violetti

albastru

sininen

verde

vihreä

maro

ruskea

gri

harmaa

negru

musta

mult/puțin

paljon / vähän

furios/calm

vihainen / ystävällinen

frumos/urât

kaunis / ruma

început/sfârșit

alku / loppu

mare/mic

suuri / pieni

luminos/întunecat

vaalea / tumma

frate/soră

veli / sisko

curat/murdar

puhdas / likainen

complet/incomplet

täydellinen / epätäydellinen

zi/noapte

päivä / yö

mort/viu

kuollut / elävä

lat/strâmt

leveä / kapea

comestibil/necomestibil

syötävä / syömäkelvoton

rău/prietenos

paha / kiltti

emoționat/plictisit

innostunut / tylsistynyt

gras/slab

lihava / laiha

primul/ultimul

ensimmäinen / viimeinen

prieten/inamic

ystävä / vihollinen

plin/gol

täysi / tyhjä

tare/moale

kova / pehmeä

greu/ușor

painava / kevyt

foame/sete

nälkä / jano

bolnav/sănătos

sairas / terve

ilegal/legal

laiton / laillinen

inteligent/stupid

älykäs / tyhmä

stânga/drepta

vasen / oikea

aproape/departe

lähellä / kaukana

nou/uzat

uusi / käytetty

nimic/ceva

ei mitään / jotain

bătrân/tânăr

vanha / nuori

pornit/oprit

päällä / pois päältä

deschis/închis

auki / kiinni

încet/tare

hiljainen / äänekäs

bogat/sărac

rikas / köyhä

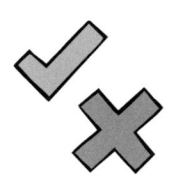

corect/fals

oikein / väärin

aspru/neted

karhea / sileä

trist/fericit

surullinen / iloinen

lung/scurt

lyhyt / pitkä

încet/repede

hidas / nopea

ud/uscat

märkä / kuiva

cald/rece

lämmin / viileä

război/pace

sota / rauha

0	**1**	**2**
zero	unu	doi
nolla	yksi	kaksi

3	**4**	**5**
trei	patru	cinci
kolme	neljä	viisi

6	**7**	**8**
șase	șapte	opt
kuusi	seitsemän	kahdeksan

9	**10**	**11**
nouă	zece	unsprezece
yhdeksän	kymmenen	yksitoista

12

douăsprezece

kaksitoista

13

treisprezece

kolmetoista

14

paisprezece

neljätoista

15

cincisprezece

viisitoista

16

șaisprezece

kuusitoista

17

șaptesprezece

seitsemäntoista

18

optsprezece

kahdeksantoista

19

nouăsprezece

yhdeksäntoista

20

douăzeci

kaksikymmentä

100

o sută

sata

1.000

o mie

tuhat

1.000.000

un milion

miljoona

engleză

englanti

engleză americană

amerikanenglanti

chineza mandarină

mandariinikiina

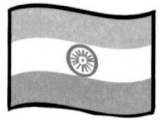

hindi

hindi

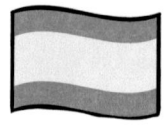

spaniolă

espanja

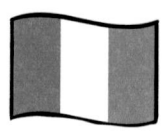

franceză

ranska

arabă

arabia

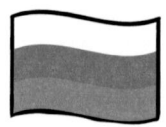

rusă

venäjä

protugheză

portugali

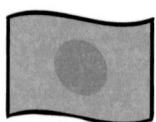

bengaleză

bengali

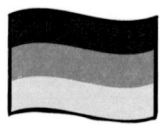

germană

saksa

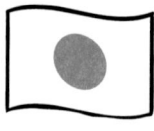

japoneză

japani

eu

minä

tu

sinä

el/ea

hän

noi

me

voi

te

ea

he

cine?

kuka?

ce?

mitä / mikä?

cum?

miten?

unde?

missä?

când?

milloin?

nume

nimi

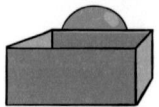

în spate

takana

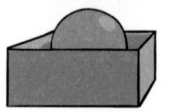

în

sisällä

înainte

edessä

peste

yläpuolella

pe

päällä

sub

alapuolella

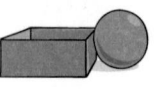

lângă

vieressä

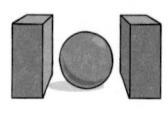

între

välissä

loc

paikka